Isabelle Lefèvre-Vallée

Illustrations - Charlotte Thomas

La SOPHROLOGIE par les CONTES

W0277946

KiWi

La SOPHROLOGIE par les CONTES

Éditions Kiwi
Édition : Manon Siracusa-Schneider
Graphisme : Charlotte Thomas
CD réalisé par Rue de la prod

Tous droits réservés, pour tous pays.
Toute reproduction de ce livre, même partielle,
par tous procédés, y compris la photocopie, est interdite.

© Éditions Kiwi, novembre 2018
ISBN : 978-2-37883-034-2

SOMMAIRE

POUR LES PARENTS

LES CONTES

POUR LES PARENTS

AVANT-PROPOS

Depuis toute petite, mon enfance a été marquée par la quête de la profondeur de l'Être, tant sur le plan physique que psychologique. Lorsque j'ai découvert la sophrologie, il y a 22 ans, ce fut un véritable coup de foudre, la rencontre magique qui a transformé ma vie. Je me sentais enfin à ma place. Depuis, je n'ai eu de cesse de faire vivre et de faire découvrir cette méthode aux autres. Je l'enseigne depuis 20 ans à l'Académie de Sophrologie de Paris et la dispense depuis 22 ans en cabinet libéral et auprès de diverses institutions. Assez rapidement, je me suis retrouvée confrontée à un public d'enfants. À l'époque, la méthode sophrologique ne s'adressait qu'aux adultes, et il m'a fallu trouver des solutions pour l'adapter aux plus jeunes.

Là encore, ça a été une évidence : quoi de plus important que de pouvoir faire bénéficier les enfants des bienfaits de la sophrologie ? Les petits d'aujourd'hui sont notre avenir, les « nous » de demain. Quel plaisir de les voir trouver en eux la confiance et les capacités dont ils ont besoin pour s'épanouir !

J'ai d'abord inventé de petits exercices ludiques pour les aider à se libérer de leurs tensions en jetant des coussins au sol ; à évacuer leur stress en soufflant sur une jolie plume ; ou encore à prendre conscience de leur corps en suivant le doux cheminement d'une boule du haut de leur tête jusqu'au bout de leurs pieds.

Les contes se sont imposés plus tard, lorsqu'un petit garçon de 7 ans m'a guidée dans une histoire mêlant aventures et exercices de sophrologie. J'avais rencontré beaucoup de difficultés à le faire entrer dans la sophrologie, malgré les exercices ludiques que je lui avais proposés. Contre toute attente, c'est un œuf en bois de belle taille, qui ornait mon espace de travail, qui avait déclenché son intérêt. Il l'avait identifié comme un œuf de dinosaure (ce qui était pour lui tout à fait cohérent dans la mesure où j'avais forcément grandi à l'époque des dinosaures), et j'en ai profité pour inventer une histoire dans laquelle nous partions à la chasse aux dinosaures. C'est ainsi que le premier conte sophro vit le jour... Les contes offrent un accès extraordinaire à la sophrologie. Certains apportent une aide générale aux enfants, d'autres sont consacrés à des problématiques plus spécifiques, comme le sommeil et l'endormissement. Ils font désormais partie intégrante de ma pratique avec les enfants et sont devenus indispensables. Ils apportent aux enfants des réponses immédiates aux soucis et aux problématiques qu'ils rencontrent au quotidien. Je vous invite à les écouter et à profiter de leurs bienfaits, que vous soyez petit ou grand !

Mes nombreuses collaborations avec l'Éducation Nationale et mon expérience de formatrice ont validé cette approche très particulière de la sophrologie que j'exploite avec les plus jeunes. J'utilise un panel de techniques et d'exercices plus ludiques les uns que les autres pour rendre la sophrologie accessible aux enfants. Avec ce savant mélange de techniques, de jeux, de contes et d'amour, la bienveillance est au cœur de ma rencontre avec les enfants et les adolescents depuis 22 ans.

QU'EST-CE QUE LA SOPHROLOGIE ?

Les définitions de la sophrologie sont parfois très hermétiques. Vous pourrez lire qu'elle est la science de la conscience, qu'elle unit le corps et l'esprit en toute conscience, ou encore qu'elle est une méthode scientifique inventée par le Professeur Caycedo pour éveiller en chaque être ses valeurs et ses capacités. Tout cela n'a de réalité que lorsque vous la pratiquez. Car la sophrologie est avant tout une méthode vivante, et donc à vivre. C'est pour cela que l'on dit qu'elle est « vivantielle ».

Lorsque je rencontre des enfants, je leur explique que la sophrologie est un ensemble d'exercices pour aller mieux dans sa tête, dans son cœur et dans son corps, quels que soient le lieu, le moment ou la situation. Car la grande force de la sophrologie est de pouvoir se pratiquer partout et sans condition particulière. Les exercices ont une durée assez courte (environ 15 minutes) et sont donc facilement intégrables dans un planning quotidien.

Il est important de saisir la place de la respiration dans la méthode sophrologique. Elle constitue le support à partir duquel vont pouvoir être évacuées les tensions mentales, physiques ou émotionnelles ; puis diffusées les sensations agréables qui apaisent ou dynamisent le corps et/ou l'esprit. Au cours de la séance, le sophrologue amène la personne à atteindre un état de conscience proche du sommeil, puis lui propose un exercice en réponse à une demande préalablement émise.

Tout ceci est très facile chez l'enfant : à l'écoute d'une histoire, il se met naturellement en état de conscience modifiée, et il lui suffit en général de quelques minutes pour acquérir l'utilisation de la respiration comme un outil de bien-être. Le corps, qui est intégré comme une réalité vécue à travers les exercices, s'inscrit progressivement dans la conscience. Avec les contes, l'enfant apprend à maîtriser son corps et sa respiration. La respiration, c'est la vie. J'aime d'ailleurs dire aux enfants que je rencontre que s'ils deviennent maîtres de leur respiration, ils deviennent maîtres de leur vie. C'est la chose la plus merveilleuse que l'on puisse offrir à un enfant : la maîtrise de son existence, son autonomie à la hauteur de ses responsabilités d'enfant.

MODE D'EMPLOI

Vous trouverez dans cet ouvrage des contes dits « sophrologiques ». Ce ne sont pas à proprement parler des séances de sophrologie, mais ils constituent une merveilleuse manière de découvrir cette méthode et ses bienfaits. Ces contes guideront votre enfant et l'aideront à dépasser ses peurs, à prendre de la distance avec une situation difficile de son quotidien ou encore à réveiller en lui les capacités dont il a besoin.

L'enfant peut écouter le conte seul ou avec votre aide selon son envie du moment. Il plongera dans l'univers de la sophrologie accompagné de personnages fantastiques qui le rassureront et il osera être lui-même pour atteindre ses buts. C'est à l'aide de la magie des contes et de ces personnages qu'il accueillera les sensations et les perceptions dans son corps.

À chaque conte correspond une tranche d'âge, ainsi que des objectifs (même si chaque enfant a la liberté de vivre le conte comme bon lui semble). Il vous sera ainsi possible de savoir quel conte proposer à votre enfant quand il est un peu tendu ou qu'il a besoin de reprendre confiance en lui. Vous pourrez suivre le cheminement de chaque conte dans la partie explicative « le cheminement sophro... ». Les éléments de l'histoire et les exercices de sophrologie y sont relatés et leurs actions expliquées. Vous trouverez également des conseils avisés pour les utiliser à bon escient : le moment propice pour écouter le conte et la situation dans laquelle il peut être utile, afin de faire du conte votre allié bien être. Car en vérité, les contes existent pour aider les enfants à mieux communiquer et se libérer de leurs soucis d'enfants. Soucis qui sont bien souvent plus importants qu'il n'y paraît pour les parents.

À la fin de chaque écoute, l'enfant peut dessiner ce qu'il a ressenti durant le conte et/ou raconter son expérience à ses parents. Cela crée un temps de partage et de confidences qui permet aux parentx de mieux comprendre l'impact d'un événement dans la vie de leur enfant : un déménagement source d'angoisse, une dispute avec un copain, des apprentissages paraissant insurmontables...

Je vous invite à favoriser ces rencontres sophrologiques avec votre enfant en le laissant raconter ce qu'il ressent, sans jamais commenter ou analyser : contentez-vous d'accueillir sa parole et ses perceptions du monde, de son monde. Vous aurez la surprise de le voir soupirer, rire, ou se passionner à nouveau, se libérer de ce qu'il gardait en lui sans même en avoir conscience.

Ces contes sont un formidable moyen de renouer les liens parfois distendus par nos rythmes de vie, un support à l'imaginaire, un remède à la grisaille de notre conscience. Les écouter, c'est les adopter et avoir un outil un peu magique pour aider vos enfants. Le rituel s'installe et la paix avec lui.

LA LICORNE AILÉE

De 4 à 10 ans

LES OBJECTIFS DU CONTE

Ce conte aide l'enfant à prendre de la distance face à une situation qui le stresse ou qu'il a du mal à gérer. Les exercices de sophrologie qui le parcourent vont lui apprendre à lâcher prise, à évacuer ses soucis et à se régénérer. Ils lui permettront également d'accéder aux capacités nécessaires pour dépasser le ou les obstacles auxquels il est confronté. Avec ce conte, l'enfant va pouvoir trouver en lui les moyens de résoudre la situation qui le stresse, mais aussi des problématiques dont il n'a même pas conscience. C'est sans peur qu'il prendra conscience des obstacles à franchir, ce qui lui apportera assurance et confiance en lui. Ces capacités deviendront alors naturelles pour lui. La sophrologie est ainsi vécue comme une « magie » du bonheur.

LE CHEMINEMENT SOPHRO

Dans ce conte, la licorne guide l'enfant. Parce que c'est un animal fantastique, il lui fait confiance et se livre à elle – il sait que ses secrets ne seront pas dévoilés. Parce qu'elle vole, elle lui permet de prendre de la « hauteur » et de la distance par rapport à son existence. Les nuages qu'ils rencontrent pendant leur périple symbolisent des obstacles. La licorne invite l'enfant à les faire disparaître en soufflant dessus. Puis, elle emmène l'enfant dans un endroit imaginaire. Ce lieu symbolise la conscience de l'enfant, dans laquelle il va s'immerger. En allant chercher au plus profond de ses cellules, il va réveiller ses capacités de joie et de bonheur, indispensables pour gagner en confiance en soi. À la fin du conte, lorsque l'enfant revient ici et maintenant, il porte un regard nouveau et positif sur ce qui l'entoure.

PETIT MODE D'EMPLOI

Ce conte peut être lu par les parents ou écouté seul par l'enfant, autant de fois qu'il le souhaitera, afin de réinventer ses lendemains enchantés. Il fait partie des rituels du soir car il est agréable de faire le plein de positif avec la licorne avant de s'endormir. Il est particulièrement utile en cas de grande difficulté : séparation, déménagement, deuil, tristesse...

À SAVOIR

Il se peut que l'enfant ait parfois une attitude triste ou angoissée qui rende impuissants ses parents. Ils peuvent alors se servir de ce conte pour évaluer certaines peurs ou tracas de l'enfant. Très souvent, dès la première écoute, l'enfant trouve ses propres solutions à ses problèmes, ce qui lui permet de renforcer sa confiance en lui et en ses capacités.

Tu choisis un endroit où personne ne viendra te déranger. Tu vas t'installer confortablement et déposer ton corps. Tu es dans un lieu imaginaire, ou bien un lieu que tu connais déjà. Un endroit très beau, dans la nature.

Et là, un animal apparaît. Un animal fabuleux. On dirait un cheval... mais très particulier. C'est une licorne, un cheval qui porte une corne d'or sur son front, et qui possède deux superbes ailes de chaque côté de son corps.

Soudain, cet animal t'appelle par ton prénom. Tu es surpris que la licorne connaisse ton nom. Elle a très envie de te rencontrer, elle vient de très loin pour cela.

Tu t'approches de ton amie la licorne ailée, tu peux toucher sa belle corne d'or, caresser son poil et lisser les plumes de ses ailes. Elle te demande si tu désires l'accompagner et te propose de monter sur son dos et de t'installer comme dans un nid, lové. Es-tu d'accord ?

Alors attention, prépare-toi. Tu installes confortablement ta tête, tes épaules, ton thorax, ton ventre, tes jambes... Ton amie la licorne commence sa course : elle court, elle court... Elle court si vite que ses sabots ne touchent plus le sol. Tu te sens tout léger.

Tu regardes en bas et tout te semble tout petit. Les arbres sont tout petits, les maisons, ton école et même la cour de récréation sont toutes petites, et tout cela n'a plus d'importance. Tout ce qui t'attire se trouve à l'intérieur de toi.

Tu prends le temps d'écouter ce qui se passe en toi. Ton corps s'installe, et tu te relâches davantage. Tu es si bien que tu discutes avec ton amie. Elle t'invite à lui parler de toutes les petites choses ou les grandes choses de ta vie. Les choses que tu aimes, les choses qui te font rire ou les choses qui te mettent en colère. Tu peux même lui parler de ce que tu n'as jamais osé dire à personne. Comme c'est ton amie, elle écoute tout et ne juge pas.

Puis, ton amie la licorne te demande ton aide, car dans la vie, il lui arrive de rencontrer des obstacles qui l'empêchent d'avancer correctement. Ce sont de gros nuages. Il va te falloir souffler très fort pour les chasser comme tu chasserais les soucis. Allez !

Tu souffles d'abord doucement pour bien vider ton ventre, puis tu inspires, tu retiens l'air, et tu souffles très fort pour pousser ces gros nuages. Encore une fois. Puis encore une autre. Ces nuages sont tous tes soucis que tu chasses.

Les nuages s'écartent et le soleil apparaît. Il vient doucement te réchauffer. Chaque fois que tu inspires, tu inspires sa douce chaleur. Chaleur, énergie... Et tu l'envoies tout doucement sur ton visage, dans ton cerveau pour qu'il fonctionne parfaitement, puis dans ta gorge pour renforcer ton bien-être, dans ton cœur pour renforcer son bon fonctionnement, dans ton ventre pour qu'il fonctionne bien, dans le bas de ton corps pour renforcer ton équilibre et ta solidité. Tu l'envoies dans tout ton corps, qui est maintenant plus fort.

Pour te remercier de ton aide, ton amie la licorne veut te faire un cadeau. Elle t'emmène dans un endroit mystérieux, un endroit entre le ciel et la terre.

Il y a là une porte. Elle est superbe et très grande. Regarde-la, regarde dans quelle matière elle est faite, sa couleur. Tu as peut-être envie de la pousser. Tu t'approches et tu entends de drôles de bruits. Ce sont des rires. Toi aussi tu as envie de rire. Et tu as très envie de voir ce qu'il y a derrière la porte.

Tu pousses la porte et tu découvres un magnifique jardin. C'est un jardin fantastique où les fleurs ont des formes incroyables, des couleurs lumineuses et des parfums attirants. Parmi toutes ces fleurs, il y en a une qui est là pour toi.

Et la voilà qui chante pour toi. Tu la contemples : sa forme, sa taille. Tu as envie de t'en approcher. Peut-être peux-tu toucher ses délicats pétales, admirer ses couleurs, respirer son parfum ?

Tu respires profondément. Sur ton inspiration, tu laisses monter en toi comme de petites bulles. Ce sont de petites bulles de bonheur. Sur l'expiration, ces petites bulles redescendent et s'ouvrent en toi, à ta conscience. Elles contiennent tout ce que tu es capable de faire : lire, écrire, t'endormir tout seul et, plus particulièrement, être heureux. À chacune de tes expirations, tu envoies cette joie d'être capable dans toutes les cellules de ton corps.

Tu commences à ressentir un profond bien-être. Pendant un instant, tu vas pouvoir utiliser ce bien-être dans la situation qui te pose un souci. Tu peux te ressentir dans cette situation, en train de la vivre de manière agréable et positive.

Puis, tu vas quitter cet endroit, ce jardin fantastique. Tu vas choisir une fleur pour ton amie ailée, une fleur toute particulière. Prends le temps de la choisir. Rejoins la porte et offre la fleur à ton amie pour la remercier de ce magnifique voyage.

Il est temps maintenant de vous séparer. Ton amie te raccompagne ici et maintenant, dans cette pièce. Tu possèdes en toi la capacité qui t'est utile et que tu vas pouvoir utiliser dans les heures et les jours à venir : sentir la confiance, l'harmonie, et tous les projets que tu veux réaliser. Tu vas commencer à respirer plus fort, à remuer les orteils, les jambes. Puis, doucement, tout ton corps. Quand tu le voudras, tu ouvriras les yeux.

Piste 2

LE DAUPHIN

De 3 à 6 ans

LES OBJECTIFS DU CONTE

En offrant un premier contact ludique avec la sophrologie, par le biais des exercices inclus dans l'histoire, ce conte permet à l'enfant de se détendre tout en se sentant en confiance dans un lieu qui lui est cher. Il va y découvrir un moyen simple et rapide d'évacuer ses soucis et de mobiliser les capacités dont il a besoin pour faire face aux épreuves qu'il rencontre. Même si le conte décrit une plage, ne vous étonnez pas qu'il visualise une plaine ou une montagne : chacun s'appropriera le conte en fonction de ses besoins.

LE CHEMINEMENT SOPHRO

En créant lui-même son lieu de bien-être, l'enfant découvre qu'il a le potentiel de se protéger et de se détendre. Lorsque la boule magique s'élève dans le ciel, elle emporte avec elle tous ses tracas et le libère ainsi de ses tensions. Quand l'enfant se gorge de soleil, il active sa propre énergie de vie. Enfin, la rencontre avec le dauphin est une surprise qui stimule sa curiosité et sa capacité à oser faire les choses. Le dauphin est l'ami qui va l'accompagner, le soutenir dans sa quête et lui permettre de plonger au plus profond de lui. La perle qu'il va y découvrir symbolise l'accès à ses capacités. Une fois remonté à la surface, il pourra les utiliser et les faire fructifier.

PETIT MODE D'EMPLOI

Ce conte peut être lu par les parents ou écouté seul par l'enfant, le soir avant de se coucher ou bien au cours de la journée. Vous pouvez en faire un rituel quand l'enfant a besoin de réconfort, cela lui permettra de s'approprier les exercices de sophrologie qui y sont abordés pour pouvoir les utiliser au quotidien. L'écoute du CD l'aidera à gagner progressivement en autonomie dans la gestion de ses émotions et la révélation de ses potentiels.

À SAVOIR

L'enfant n'est pas dans l'analyse : il est dans ce qu'il vit. Le parent pourra lui proposer de raconter ce qu'il a le plus apprécié dans l'histoire ou de dessiner ses ressentis (images, personnages importants, contexte, paysages...), mais devra se garder de les analyser. Le dialogue qui peut s'instaurer sur des sujets divers à la suite de l'écoute du conte enrichira la relation entre les parents et l'enfant.

Je te propose un moment de tranquillité, un moment pendant lequel personne ne viendra te déranger. Choisis un endroit où tu te sens bien. Maintenant, tu vas t'isoler de ce monde. Tu vas poser ton corps, les yeux fermés si tu le peux. Sinon, cela n'a pas d'importance.

Tu vas prendre conscience de ton ventre et de ta respiration. Tu peux poser ta main sur ton ventre pour mieux le sentir qui monte et qui descend, qui monte et qui descend, qui respire...

Puis, tu vas laisser aller tout ton corps. Prends le temps de le déposer, assis sur ta chaise, dans cette pièce, ou allongé si tu préfères. Prends conscience de ton corps, c'est la chose la plus précieuse que tu possèdes.

Je te propose de laisser venir un endroit magnifique. Cela peut être un endroit que tu connais déjà, ou bien un endroit que tu peux inventer. C'est un endroit avec une très belle plage. Une très belle plage, grande, avec du sable fin. Magnifique.

D'ailleurs, quand tu marches, tu sens le sable entre tes doigts de pied qui vient te chatouiller... C'est tellement agréable ! Tu peux courir, faire des galipettes...

C'est tellement agréable que tu prends le temps de t'allonger sur le sable, d'écouter les bruits. Peut-être ceux de l'eau, des oiseaux, du vent. De sentir les odeurs. Peut-être de regarder autour de toi, le ciel, le soleil. De sentir ton corps posé sur le sable, tous les points de contact avec le sol. Et au moment d'inspirer l'air, tu vas laisser entrer en toi tout ce bien-être, toutes ces sensations, ces odeurs, ces images, ces bruits qui viennent te remplir et te caresser.

Quand soudain, une boule merveilleuse, transparente, apparaît au-dessus de ton visage. C'est une boule magique. Elle est magique parce que tu vas pouvoir la remplir de tout ce que tu détestes, de tout ce que tu n'aimes pas, de tout ce qui t'ennuie, de tout ce qui t'embête. Allez, je t'invite à la remplir. Rappelle-toi, c'est une boule magique.

On peut y mettre vraiment beaucoup, beaucoup, beaucoup de choses : les tracas, la tête de quelqu'un, les artichauts, les haricots verts, des tas de choses qu'on n'aime pas... Surtout, n'oublie rien. Allez, encore, peut-être ça aussi. Et puis encore ça.

Quand elle est pleine, tu vas pouvoir la renvoyer vers le soleil. Pour cela, je vais te demander de souffler doucement, puis de prendre plein d'air dans ton ventre. Maintenant, tu vas souffler très fort sur la boule pour qu'elle s'élève avec tout son contenu. Peut-être encore une fois, si tu le désires. Et la voilà qui s'envole, qui s'élève dans le ciel vers le soleil. Quand elle rencontre le soleil, tout ce qui était négatif devient positif. Aaaah.

Tu ressens la chaleur du soleil sur ton corps, en particulier sur ton visage. C'est une chaleur agréable qui t'apporte du bien-être. À chaque inspiration, tu laisses entrer en toi cette chaleur douce du soleil. Et au moment d'expirer l'air, tu laisses cette douce énergie remplir ton visage de force, d'action, remplir ta tête et ton cerveau, remplir les zones dont tu as besoin pour apprendre, pour retenir les leçons, pour lire comme tu le désires, ou compter comme tu le voudrais.

Puis tu sens la chaleur-énergie au niveau de ta gorge. À l'expiration, tu remplis ta gorge d'énergie avec tout ce dont tu as besoin : parler devant tout le monde en classe, dire les choses sans crier à ceux que tu aimes...

Maintenant, tu diriges ta chaleur-énergie vers ton cœur et tes poumons pour qu'ils fonctionnent parfaitement et qu'ils soient pleins d'amour. Puis vers ton ventre pour que tous les organes de la digestion soient prêts à bien fonctionner, pour digérer ton petit-déjeuner ou ton déjeuner, ton goûter ou ton dîner. Et aussi pour que tu n'aies plus mal au ventre. Enfin, tu envoies de l'énergie, de la chaleur, vers le bas de ton ventre et vers tes jambes, jusqu'au bout des pieds, pour renforcer tous tes organes.

Maintenant, tu as peut-être envie d'aller te rafraîchir, d'aller jouer avec cette eau, et tu t'approches doucement du bord de l'eau. Si tu as un petit peu peur de l'eau, tu peux rester là où tu as pied.

Quand tu mets les pieds dans l'eau, l'eau est exactement comme tu l'aimes. Tu avances doucement dans l'eau, et tu la sens monter le long de tes jambes. Tu joues, tu t'amuses avec l'eau, tu plonges. C'est un grand bonheur de se rafraîchir et de jouer avec les gouttelettes, de les envoyer en l'air, de les sentir glisser partout sur toi.

Et voilà que soudain, là-bas, très loin, quelque chose approche. Tu ne sais pas très bien ce que c'est. C'est un dauphin ! Un dauphin qui vient de loin, de très loin, pour te rencontrer. C'est un dauphin qui vient te rencontrer parce qu'il cherche un ami, une amie... Il s'approche de toi. Toi, tu es un peu intimidé. Lui aussi d'ailleurs. Vous vous regardez, vous vous observez, et puis vous finissez par jouer ensemble. Tu fais du toboggan sur son dos, tu plonges avec lui et tu joues avec lui. Tu peux même prendre le temps de parler avec lui, de lui raconter tes secrets.

Ton ami le dauphin va t'emmener plonger au plus profond, en te faisant le cadeau extraordinaire de pouvoir respirer sous l'eau. Vous voilà partis tous les deux : vous plongez, vous plongez profondément. Sur chacune de tes expirations, tu descends encore plus profondément.

Tu arrives dans un endroit magnifique où il y a des poissons, des algues, des coraux, des coquillages extraordinaires, des couleurs chatoyantes. Et parmi tous ces coquillages, il y en a un qui attire ton attention. Tu t'approches de lui, et ton ami le dauphin t'aide à ouvrir ce coquillage.

À l'intérieur, il y a une perle, une perle magnifique. Elle contient une capacité nouvelle, quelque chose que tu n'arrives pas encore à faire. Tu prends cette perle et, avec elle, cette nouvelle capacité nouvelle, cette chose que tu es maintenant capable de faire : peut-être es-tu maintenant capable de lire, de mieux compter, peut-être simplement de te sentir bien dans ta tête, dans ton cœur, dans ton corps, capable de ranger ta chambre... Ou capable de la chose dont tu as le plus besoin. Maintenant, il va être temps de remonter avec cette perle. Tu reviens à la surface avec cette capacité nouvelle en toi, à toi. C'est merveilleux de se sentir capable.

Ton ami le dauphin te remercie de cette magnifique expérience que tu as partagée avec lui. Il te ramène au bord de la plage. Tu le remercies à ton tour de t'avoir fait découvrir au plus profond de toi cette capacité enfouie, ce trésor magnifique. Tu lui dis au revoir et à bientôt. Il te dit au revoir et te remercie.

Puis, tu prends le chemin de la plage. Tu te diriges vers un magnifique sentier et tu vas y choisir l'endroit le plus approprié, le plus beau, pour planter cette perle qui est la graine de toutes tes capacités. Prends soin de cette perle, protège-la dans la terre. Arrose-la. Apporte-lui, sur chacune de tes expirations, toutes les bonnes choses, tout le positif, toute l'harmonie possible. Cette perle va germer, c'est une graine, elle donne un arbre : l'arbre des capacités.

À partir d'aujourd'hui, tu vas pouvoir chaque jour entretenir cet arbre, le rassurer, le faire grandir, l'arroser, le chérir, le prendre à bras-

le-corps. Et chacun de tes exercices de sophrologie va te permettre de développer encore un peu plus ton arbre des capacités.

Il est bientôt temps de revenir dans ta maison. Je t'invite doucement, pendant quelques instants, à utiliser cette capacité nouvelle que tu as réveillée en toi, ou peut-être une autre, et à te voir en train de l'utiliser. Je te laisse quelques instants pour le faire.

C'est si agréable de se voir capable. Et sur chacune de tes inspirations, tu sens monter en toi toute cette force nouvelle que tu laisses glisser au cœur même de ton corps, au cœur même de tes cellules.

Tu vas maintenant pouvoir réveiller toute ta confiance en toi, toute l'harmonie en toi, tout l'espoir pour les projets que tu veux mener à bien. Tout doucement, tu vas commencer à respirer plus fort. Une fois, deux fois, trois fois. Tu vas pouvoir bouger tes doigts de pieds, bâiller, t'étirer, bouger les jambes, un peu comme si tu sortais de la sieste, un peu comme font les petits chats qui tirent une patte après l'autre, une main, une autre main, frotter ton corps, et peut-être même faire ce que l'on appelle la caresse du samouraï : tu vas te tapoter dessus pour tout réveiller, pour bien tout remettre en place, et ouvrir les yeux uniquement et seulement quand tu le voudras.

Piste 3

LE DRAGON

De 4 à 7 ans

LES OBJECTIFS DU CONTE

Ce conte permet d'éveiller les sens de l'enfant et l'invite à les utiliser pour aborder le monde avec confiance. Il aide également l'enfant à créer un outil auquel il pourra faire appel, en cas de nécessité, pour renforcer sa confiance en lui. Cet outil, c'est un mot magique. Et ce mot magique, c'est le nom qu'il donnera au dragon.

LE CHEMINEMENT SOPHRO

Tout au long du conte, l'enfant va vivre la présence de ses sens. Cette aventure sensorielle débute avec une couleur. Puis, c'est l'ouïe qui est activée (avec les bruits provenant de la caverne), la vue (lorsque l'enfant découvre l'œuf) et le toucher (lorsque l'enfant entre en contact avec l'œuf). L'enfant apprend ensuite à utiliser sa respiration pour renforcer sa sensation de bien-être.

Le petit dragon qui sort de l'œuf est le support de tous ses potentiels et de sa capacité à regarder le monde autrement. Il va lui montrer comment se débarrasser de ses tensions par la gestion de sa respiration. Le nom que l'enfant lui donne à la fin du conte deviendra un mot magique qui lui permettra, à tout moment, de réactiver les effets positifs du conte.

PETIT MODE D'EMPLOI

Ce conte est à écouter ou à lire avant de passer à une activité qui requiert de l'attention ou un effort de concentration. Il est recommandé pour renforcer sa confiance en soi. Il est très facile à mettre en place et le parent peut le proposer quand l'enfant « bloque » sur un point ou se dévalorise devant une épreuve.

À SAVOIR

Il arrive au parent de perdre patience quand son enfant se bute ou n'arrive pas à se dégager d'une mauvaise image de lui-même. L'enfant qui se trouve dans cette situation a tendance à se renfermer. Ce conte permet à chacun de prendre un temps de recul : à l'enfant qui écoute le conte, au parent qui s'octroie la possibilité de souffler...

Je te propose de fermer les yeux et d'imaginer un étrange endroit. Un endroit que toi seul connais. Un endroit grand, vaste, aux couleurs que tu aimes. Tu vois bien la couleur qui domine dans ce paysage. Peut-être peux-tu choisir des bruns, des oranges, des jaunes, des rouges, des verts, des bleus, des violets, des blancs, des noirs. Et tu choisis l'une de ces couleurs, celle qui te semble la plus importante

Tu peux percevoir l'étendue du paysage devant toi. Chaque fois que tu respires, tu sens monter en toi toute la force de la couleur et toute la force de cet endroit. Tu respires profondément, tranquillement. Ton visage est beaucoup plus tranquille. Tu sens ta gorge beaucoup plus tranquille, ton thorax,

ton ventre, tes jambes... et pendant quelques instants, tu écoutes tout ton corps.

Maintenant, dans cet endroit extraordinaire, tu te sens plein de cette couleur, plein de cette énergie. Tu vas t'imaginer en train de te promener dans cet endroit, de marcher, de découvrir toutes les choses qui sont là. Ça, et puis cela, et puis ceci... Jusqu'au moment où tu entends une voix qui vient d'un endroit creux, là-bas. On dirait une caverne...

Tu t'approches de l'entrée de la caverne et tu découvres un spectacle unique : il y a quelque chose au fond de la grotte ! C'est rond ? Non, ce n'est pas tout à fait rond. C'est assez gros.

Tu ne sais pas très bien ce que c'est. Tu le regardes et tu t'aperçois qu'il s'agit d'un œuf, d'un magnifique œuf. La voix que tu entendais venait de cet œuf. D'abord, tu le regardes bien, cet œuf. Sa forme, sa couleur, ses détails... Ce n'est pas un œuf comme les autres. Il y a plein de détails, de lumières, de sons et de bruits.

En t'approchant encore un peu, tu vas poser tes mains et toucher cet œuf. Peut-être qu'il s'en dégage une chaleur, ou autre chose... Est-ce que c'est doux sous tes mains ? Est-ce qu'il y a des choses que tu sens en touchant l'œuf ?

Quand tu touches l'œuf, tu ressens un profond bien-être. À chaque fois que tu respires, c'est comme si cet œuf t'apportait une force, une force incroyable. Tu sens qu'elle monte en toi à chaque fois que tu inspires.

Te voilà maintenant capable de quelque chose dont tu ne savais pas être capable. Et à chaque inspiration, tu sens que cela grandit à l'intérieur de toi.

Te voilà peut-être capable d'être tranquille, d'être heureux, de te concentrer, de ne plus te bagarrer, de faire la paix, de discuter, d'écouter. Enfin, te voilà capable de la chose dont tu as le plus besoin en ce moment. Et le chant mélodieux de l'œuf la renforce, dans ta tête, dans ta gorge, dans ton cœur, dans ton ventre et dans tes jambes.

Et soudain, l'œuf s'ouvre. Tu rencontres un être incroyable. Oui, c'est bien lui, l'être que tu voulais rencontrer depuis si longtemps : un magnifique petit dragon.

Il est beau, il est fort... Oh, il est majestueux. Il commence à déplier ses ailes et te propose, pour te remercier de l'avoir libéré, de voler avec lui. Tu montes sur son dos.

Et vous voilà qui quittez la caverne et montez dans les airs. Et soudain, tout ce qui est là, en bas, n'a plus aucune importance. Tout ce qui est important est ce que tu es en train de vivre en toi : force, légèreté... Quel sentiment de liberté ! Ton ami le dragon glisse sur les airs et tu glisses avec lui. Vous faites comme des pirouettes dans le ciel. Et tout ce qui est en bas est si petit à tes yeux... C'est vraiment extraordinaire de vivre ce moment !

Le dragon te confie un secret. Lui, à chaque fois que quelque chose l'embête, il souffle très fort dessus avec son souffle puissant de dragon qui fume, et tout disparaît. Il te propose, si tu le veux bien, de faire comme lui.

Tu vas inspirer. Et tu souffles très fort. Tu souffles pour envoyer au loin, et peut-être même brûler, tout ce qui t'embête. Recommence comme le dragon. Voilà, tu te sens plus léger à l'intérieur de toi, tu te sens mieux, et tu n'as fait de mal à personne.

Ton ami le dragon te demande si tu veux bien lui donner un nom. Alors, doucement, tu te penches à son oreille, et tu lui donnes son nom. C'est votre nom secret à tous les deux.

D'ailleurs, avant que vous ne vous sépariez, il te fait la promesse qu'à chaque fois que tu prononceras son nom, il apparaîtra pour te faire faire un magnifique voyage, ou bien pour te donner une capacité nouvelle.

Être capable de quelque chose de nouveau... Tu grandis chaque jour, et chaque jour tes capacités grandissent avec toi. Chaque jour tu es capable de faire quelque chose un peu plus, un peu mieux, et ainsi de suite.

Sur quelques mouvements d'ailes, ton ami te dépose au sol. Il te remercie pour ce magnifique voyage. Il est vraiment très fier de toi, de t'avoir pour ami. D'un beau signe de tête, d'un beau battement d'ailes,

il te fait signe et te dit : « Au revoir mon ami. » Et toi, dans un mouvement de la main : « Au revoir mon ami. » Et tu lui donnes son nom.

Il repart doucement dans les airs pour retrouver le lieu secret de sa vie. Et toi, tu vas revenir ici et maintenant, sans ouvrir les yeux. Tu attends quelques instants. Tu sens en toi tout ce que tu viens de vivre. Tu vas garder en toi quelque chose de très fort, peut-être une couleur, peut-être une nouvelle capacité, peut-être une force en toi, ou ce magnifique souvenir.

Tu vas maintenant pouvoir revenir dans ta maison. Tu prends le temps de respirer plus fort et de bouger tes doigts de pieds, puis le reste de ton corps, tout doucement, puis plus fortement. Quand tu le veux, tu ouvres les yeux.

Piste 4

LE VENT DES INDIENS

De 6 à 12 ans

LES OBJECTIFS DU CONTE

À tout âge, l'enfant peut rencontrer des difficultés à s'endormir ou se réveiller terrorisé au milieu de la nuit. Ce conte va l'aider à s'endormir avec sérénité et à protéger son sommeil. Les exercices de sophrologie qui parcourent l'histoire vont lui permettre de détendre et d'apaiser son mental, de chasser les terreurs nocturnes, puis de leur substituer des images agréables et positives. En renforçant sa capacité à générer du positif selon sa volonté, il redeviendra maître de son sommeil. Il apprendra ainsi à lâcher prise au moment particulier de l'endormissement, et à prendre conscience de sa capacité à protéger ses nuits. Il envisagera alors avec plus de joie le moment fatidique du coucher, et ses journées à venir lui sembleront plus douces à vivre.

LE CHEMINEMENT SOPHRO

En vivant en toute confiance l'endroit où il s'endort, l'enfant commence à lâcher prise. Lorsqu'il rencontre les Indiens et participe à leur cérémonie, c'est son propre rituel du sommeil qu'il apprend à mettre en place. Le Vent l'aide à prendre conscience de chaque partie de son corps, qu'il va détendre une à une. L'enfant va ensuite utiliser son souffle. Sur l'expiration, il va se libérer de ses soucis qui seront emportés par le Vent. Sur l'inspiration, le Vent lui apporte de belles images qui protègeront sa nuit. En apprenant à utiliser ainsi sa respiration, l'enfant se débarrasse de tout ce qui l'empêche de dormir et s'assure une nuit sereine. Il pourra alors préparer son réveil et sa journée du lendemain, en choisissant de mobiliser l'énergie et le dynamisme nécessaires à ses activités, ou la paix et le calme dont il a besoin pour se concentrer en classe. Plus qu'un conte, cette histoire est une invitation au voyage vers les contrées du sommeil.

PETIT MODE D'EMPLOI

Bien que l'enfant soit en âge de lire, il a toujours plaisir à écouter ses parents lui raconter une histoire. Ce conte peut être lu ou écouté à tout moment de la journée, et pas seulement le soir, d'autant que la répétition en renforcera l'efficacité. L'enfant intégrera les exercices de sophrologie en les vivant ici et maintenant et en pleine conscience. Le moment du coucher sera facilité et deviendra un rendez-vous fait de jolies images et de sensations douces.

À SAVOIR

Il est parfois difficile pour l'enfant d'exprimer ce qui l'empêche de s'endormir, et les parents peuvent facilement se sentir impuissants face à son silence. Le conte est un bon moyen de libérer la parole que les parents doivent accueillir sans attente ni commentaire. Ils partagent la joie de retrouver des souvenirs ou des moments de plaisir qui se sont présentés à l'enfant.

Je vais te proposer un magnifique voyage. Un voyage pour chasser les cauchemars et attraper de beaux rêves. Un voyage vers un endroit très particulier.

Tu vas t'installer dans un endroit confortable. Tu peux fermer les yeux. Tu te sens vraiment en sécurité. Tout dans cet endroit est bien pour toi : la paix, le calme... Personne ne peut venir te déranger. Tu sens bien que ton corps est là, tout tranquille.

Tu portes toute ton attention sur un objet que tu aimes bien, qui t'apaise. L'objet est si proche que tu ne sais plus si tu regardes l'objet ou toi-même. Et soudain, c'est toi qui regarde toi, avec ta conscience qui se promène dans la pièce. Tu te vois allongé dans ta chambre, tu perçois bien ton corps avec ta conscience, ton esprit. Ton corps est attaché à ta conscience, mais ta conscience, ton esprit, peut voyager. Et ta conscience voyage, elle voyage et traverse tout une mer, tout un océan, pour aller sur un autre continent.

Te voilà dans un pays incroyable où règne d'un côté le désert coloré de rouge, d'orange et de jaune, et de l'autre de grandes prairies vertes. Si tu regardes bien en t'approchant, au centre il y a un petit village avec plein de tentes plus ou moins grandes.

Il y a un magnifique feu au centre du village. Tu es au pays des Indiens d'Amérique. Ils sont en train de faire une très grande cérémonie. Ils appellent le Vent pour chasser les cauchemars, mais aussi pour attraper de beaux rêves. Ils appellent la puissance du Vent pour chasser les cauchemars et les faire disparaître, et la puissance du Vent pour attraper de beaux rêves, et rendre douce ta nuit. Imagine cet endroit, il y fait doux et chaud, c'est la tombée de la nuit.

Le Vent commence à apparaître. Le Vent vient doucement te caresser. Tu sens le Vent qui, doucement, comme une caresse, se dépose sur ton visage, calme, apaisant, puis sur tes épaules et tes bras, comme une très belle couverture douce, sur ta cage thoracique, toujours au rythme des chants de tes amis les Indiens. Le Vent se dépose maintenant sur ton ventre, et ton ventre suit doucement le rythme : il monte et il descend calmement. Le Vent s'installe maintenant sur tes jambes, jusqu'au bout de tes pieds. Tu pourrais presque soupirer ou bâiller.

En quelques souffles, le Vent va pouvoir te débarrasser de tout ce qui te dérange, mais il faut que tu l'aides. Pour cela, tu vas faire venir à toi toutes les pensées qui t'empêchent de t'endormir, toutes les choses qui t'ennuient dans la journée, tout ce qui pourrait te faire peur. Le Vent est capable de les capturer. Laisse-le faire.

D'un seul coup, en inspirant profondément, tu vas les souffler dans le vent. D'abord ce qui encombre ta tête... Tu souffles dans le vent.

Ce qu'il y a dans ta gorge... Tu souffles dans le vent.

Puis dans ton cœur... Tu souffles et le Vent les capture.

Et dans ton ventre... Tu souffles dans le vent.

Dans tes jambes... Tu souffles dans le vent.

Enfin, dans tout ton corps... Tu souffles et le Vent les capture.

Prends le temps de sentir la libération. Le Vent t'a libéré de tes cauchemars. Il laisse place aux belles images.

Tout à l'heure, tu as soufflé les cauchemars pour les chasser. Maintenant, tu vas respirer de belles images. Laisse ces belles images apparaître et venir à toi. Cela peut être un endroit, un sentiment de paix, le visage d'une personnes que tu aimes, ou encore quelque chose que tu aimes particulièrement faire. Prends tout ton temps.

Voilà que le Vent agite ces belles images. Il te les apporte et tu vas les inspirer pour te les offrir, comme un cadeau de bonheur. Elles arrivent, les voilà !

Tu inspires peut-être des couleurs, peut-être des formes, des lieux, des personnes, des voix, des rires. Peut-être simplement des souvenirs de la journée que tu as adorés, qui te font sourire dans ton sommeil... Le Vent t'a apporté de belles images, et tu les inspires.

Alors, tranquillement, tu laisses le Vent continuer à protéger ton sommeil toute la nuit. Ton sommeil est protégé par le vent. Tu prends le temps de laisser s'installer ces belles images en inspirant avec le vent, sur ta respiration. Et tes amis indiens continuent doucement à rythmer ton sommeil.

Tu inspires les belles images que le Vent t'apporte, et tu souffles les cauchemars qu'il capture comme dans une toile d'araignée. Les cauchemars restent bloqués dedans : c'est l'attrapeur de mauvais rêves !

Quel bonheur de sentir les belles choses en toi et de voir les soucis qui s'en vont. Toute ta nuit est magnifique.

La nuit quitte le ciel et le jour se lève. Tes amis indiens préparent ton petit-déjeuner. Ah, ce n'est peut-être pas un petit-déjeuner habituel, là-bas, au pays des Indiens. Tu partages avec eux ce moment, un joli moment. Tu goûtes des choses très drôles.

Il est temps de te préparer pour ta journée à venir. Pour cela, tes amis indiens te font choisir la couleur de ta journée. Il y a les rouges, les oranges, les jaunes pleins d'énergie du désert coloré d'un côté. Et de l'autre côté, il y a la paix du bleu du ciel qui glisse lentement sur le vert des belles prairies. Tu aimes bien l'énergie et la chaleur des couleurs du désert. Tu aimes bien la paix des cieux bleus et des prairies vertes.

C'est toi qui vas choisir la manière dont tu as envie de passer ta journée. À l'école, à la maison, plein de l'énergie de ce beau désert ? Ou bien dans la paix et le calme des magnifiques prairies vertes apaisantes ?

Tu décides, quand tu le voudras, de quitter tes amis indiens. Tu ne gardes que les choses que tu aimes, que ce qui te fait du bien. Tu sais que le Vent a capturé tout ce qui te fait peur, les ombres et les mauvais rêves. Tu sais aussi que demain matin, quand tu te réveilleras, tu auras passé une nuit merveilleuse. L'attrape-cauchemars aura fait son travail.

Tu te prépares pour ton retour. Ta conscience va revenir. Elle quitte le continent, traverse la mer, revient ici et maintenant, toujours bien attachée à ton corps. Tu prends le temps, au moment où tu inspires, de te gorger de tout ce qui se passe : le Vent qui t'a apporté les images et les sensations qui te vont bien, l'énergie pour toute ta journée, ou encore la tranquillité et la concentration. C'est un grand bonheur à l'intérieur de toi, un grand bonheur ! Prends tout ton temps... Quand tu le voudras, tu pourras commencer à respirer un peu plus fortement. Tu retrouveras la présence de ton corps en bâillant, en remuant les doigts de pieds, puis tout ton corps, en t'étirant. Et seulement quand le besoin se fera ressentir, tu ouvriras les yeux.

Piste 5

LE LOUP BLANC

De 7 à 12 ans

LES OBJECTIFS DU CONTE

Ce conte initiatique va permettre à l'enfant de dépasser ses peurs et de faire face aux obstacles de l'existence. En unifiant son corps et son esprit, l'enfant va acquérir la confiance en ses capacités de réussite, capacités qu'il pourra ensuite utiliser pour des projets ou des épreuves à venir. Les exercices de sophrologie qui parcourent l'histoire vont l'inviter à prendre conscience de la position de son corps dans l'espace, de sa latéralisation (prise de conscience de ce qui se vit dans la partie droite du corps, puis dans la partie gauche). Il va également développer son attention, sa concentration et mobiliser son énergie. Lorsque la rencontre corps/esprit est établie, l'enfant peut aller de l'avant et laisser derrière lui la lourdeur du passé. En s'appuyant sur ses réussites passées, il pourra envisager sereinement la réalisation de son projet.

LE CHEMINEMENT SOPHRO

L'enfant va choisir librement un espace dans la nature où coule une rivière. La rivière symbolise les éléments attrayants ou effrayants qu'il ne maîtrise pas. Pour aborder la première épreuve, le conte va amener l'enfant à prendre conscience de sa latéralisation et mobiliser ses cinq sens. La première étape, la traversée du pont, est un moment fort. Lors de cette marche, l'enfant utilise son souffle pour abandonner toutes les situations ou les choses qui le dérangent à ce moment-là de son existence. La deuxième étape, la rencontre avec le loup, lui permet, toujours en utilisant son souffle, de mobiliser toute son énergie vitale. Pour conquérir cette force vitale, il doit braver ses peurs et dépasser ses jugements et ses aprioris. Enfin, lors de la troisième étape, la rencontre de la cascade de lumière dans la forêt sacrée, il réveille ses capacités. Il peut alors, avec toute la force et l'énergie mobilisées, se voir en train de vivre un projet qui lui tient à cœur. Lorsqu'il retrouve le pont pour revenir dans son quotidien, il est devenu capable d'affronter ses peurs et ses angoisses.

PETIT MODE D'EMPLOI

Ce conte s'adapte à merveille aux différentes situations de la vie de l'enfant. Il se révélera très utile pour l'aider à gérer des moments de transition (déménagement, changement de classe ou d'établissement...), mais sera aussi très efficace pour faire face à une situation délicate (prise de parole en public, évaluation scolaire, épreuve sportive, étude d'une nouvelle discipline...). L'écoute répétée du conte permettra de renforcer la conscience de ses capacités de confiance et de réussite.

À SAVOIR

On peut conseiller à l'enfant de tenir un cahier personnel où noter ses ressentis sous la forme qui lui plaira (collages, dessins, commentaires écrits, poèmes...). Il aura plaisir à les consulter régulièrement et renforcera ainsi sa joie et son bonheur de vivre.

Tu prends le temps de t'installer afin que rien ne vienne te déranger. Tu es dans un très bel endroit, un endroit que tu connais ou que tu inventes. Mais surtout, un endroit avec une magnifique rivière qui coule près de toi.

Le temps est délicieux, l'eau qui coule te paraît attirante, transparente comme du cristal. Tu as très envie de jouer avec l'eau, et l'une de tes mains glisse dans la fraîcheur. Tu sens l'eau qui passe entre tes doigts, douce, fraîche, rapide. La fraîcheur monte dans ton poignet... Puis dans tout ton bras. L'autre main reste posée sur l'herbe au soleil. Ta main est chaude, toute chaude, puis ton poignet, et puis tout ton bras. Tu sens la fraîcheur dans une de tes mains jusqu'en haut de ton bras, et la chaleur dans l'autre bras. Et puis tu as envie de changer, et la main qui était dans l'eau fraîche se réchauffe au soleil, et celle qui était au soleil plonge dans la fraîcheur de l'eau. Tu trouves ça très drôle.

Enfin, tu réunis tes deux mains et tu écoutes ce qui se passe. Tu imagines que tu te lèves et que tu pars à la découverte de cet endroit. Tu perçois ses odeurs : l'odeur de l'eau, de l'herbe, peut-être une autre odeur que tu aimes bien. Peut-être pourrais-tu goûter quelque chose, l'eau par exemple, ou bien laisser venir un goût dans ta bouche... Puis, tu écoutes les sons de cet endroit : les bruits de l'eau, du vent. Tu peux toucher ce qui t'entoure et regarder les formes que tu vois autour de toi : la végétation, les couleurs de ce lieu... Ton regard est attiré par tout ce qu'il y a de l'autre côté de la rivière. Tu aimerais bien y aller car la forêt semble différente. Tu cherches des yeux un moyen pour te rendre de l'autre côté, mais l'eau semble trop profonde et tu ne vois aucun pont.

Soudain, un pont apparaît, là, devant toi. C'est un pont magique... Regarde-le. Regarde la matière dans laquelle il est fait, sa couleur.

Et puis il y a un drôle de petit oiseau qui vient à toi et qui te dit : « Il est temps pour toi de traverser le pont, mais rappelle-toi, c'est un pont magique, et chaque fois que tu feras un pas, tu te débarrasseras de tout ce qui te gêne, de tout ce qui t'empêche d'avancer dans la vie. Lorsque tu poseras ton pied sur le pont, c'est comme si tu posais le pied sur le sol pour la première fois. En avançant, tout ce qui est derrière toi disparaîtra. Tout ce qui t'ennuie, tout ce qui te soucie disparaîtra, cela n'aura plus d'importance. Seul comptera ce qui est devant toi, ce que tu découvriras à chaque nouveau pas. »

Tu décides alors de traverser le pont. Tu fais le premier pas. Tu souffles et tu te libères de ce qui te gène.

Deuxième pas, tu souffles et tu te sens plus léger. Tu fais le troisième pas, tu souffles et tu te sens encore mieux.

Tu arrives au bout du pont, mais là, une surprise t'attend. Il y a un loup, un énorme et magnifique loup blanc. Tu as un peu peur, mais le petit oiseau te rassure : « N'aie pas peur, c'est Isatis le loup blanc, le gardien de la forêt sacrée. » Il t'attend et te félicite car tu as réussi la première épreuve. Tu viens de passer le pont en laissant derrière toi tout ce qui te dérange, et d'aller vers ce qui est le plus important pour toi.

Tu dois maintenant vivre la deuxième épreuve. Il veut t'offrir sa force, sa force de loup blanc. Pour cela, il te suffit de caresser son poil blanc. Rassuré, tu avances doucement vers le loup blanc, et au moment où tu le caresses en inspirant, tu ressens toute ta force, toute ton énergie.

Tu l'envoies, à l'expiration, vers ta tête pour un parfait fonctionnement, vers ta gorge pour avoir une parole juste, vers ton thorax pour te sentir fort et heureux, vers ton ventre pour qu'il n'ait plus jamais mal, vers tes jambes pour qu'elles courent vite, vers tout ton corps pour le renforcer.

Le loup blanc te félicite à nouveau. Il est très fier de toi, tu as réussi la deuxième épreuve.

Le loup blanc te dit que maintenant, il faut vivre la troisième et dernière épreuve. Pour cela, tu vas le suivre dans un endroit que lui seul connaît. Sur le chemin, le loup blanc passe devant toi. Tu réfléchis à ce qui t'est nécessaire. Tu arrives au bout du sentier, à ta destination, au cœur de la forêt sacrée. Là, devant, il y a un bel espace tout rond, une clairière entourée d'arbres en cercle. Au centre, le soleil tombe comme une cascade de lumière. Ton ami le loup te dit de te placer au centre de la lumière.

À chaque inspiration, tu prends la chaleur du soleil, et à l'expiration tu plonges dans ton corps. Tu sens remonter du plus profond de toi des tas et des tas de bulles de lumière. Tu réveilles alors une capacité qui monte en toi, une capacité dont tu as besoin en ce moment. Tu ressens la force de sa présence.

Puis, tu reprends le chemin du retour. Le loup blanc t'a attendu, mais cette fois, c'est toi qui le conduis. Le loup blanc est très fier de toi, tu as réussi la troisième épreuve. Il te propose, durant ce chemin, de vivre la capacité que tu as choisie, de te percevoir dans une réelle situation prochaine en train de l'utiliser, de ressentir toute la joie que cela t'offre.

Puis, le pont réapparaît. Enfin, tu sais qu'il va être temps de se quitter, et le loup blanc te remercie de l'avoir accompagné dans cette merveilleuse expérience, d'avoir été le gardien de la forêt sacrée. Tu vas traverser le pont dans l'autre sens en laissant glisser en toi cette capacité au plus profond de tes cellules. L'oiseau t'accompagne.

Tu sais maintenant que tu pourras, quand tu le voudras, revenir au cœur de cette forêt. Tu sens cet immense bonheur d'avoir découvert en toi ce trésor que tu vas pouvoir utiliser dès que tu le voudras. Tu retrouves la présence de ton corps en bâillant, en remuant les doigts de pieds, puis tout ton corps, en t'étirant. Et seulement quand le besoin se fera ressentir, tu ouvriras les yeux.

© Éditions Kiwi
La sophrologie par les contes
ISBN : 978-2-37883-034-2
Dépôt légal : 4e trimestre 2018
Achevé d'imprimer en Union européenne
en octobre 2018 par Printcorp.